MODLITEWNIK

A SIMPLE PRAYER BOOK

AF877481

POLISH • ENGLISH • POLSKO • ANGIELSKI

All booklets are published thanks to the generosity of the supporters of the Catholic Truth Society

CATHOLIC TRUTH SOCIETY
PUBLISHERS TO THE HOLY SEE

Contents

Spis treści

Basic Prayers

Our Father

Our Father, who art in heaven, hallowed be thy name. Thy Kingdom come. Thy will be done on earth as it is in heaven. Give us this day our daily bread, and forgive us our trespasses, as we forgive those who trespass against us, and lead us not into temptation, but deliver us from evil. Amen.

Hail Mary

Hail, Mary, full of grace, the Lord is with thee: blessed art thou among women, and blessed is the fruit of thy womb, Jesus. Holy Mary, Mother of God, pray for us sinners, now, and at the hour of our death. Amen.

Glory be to the Father

Glory be to the Father, and to the Son, and to the Holy Spirit. As it was in the beginning, is now, and ever shall be, world without end. Amen.

Podstawowe modlitwy

Modlitwa Pańska

Ojcze nasz, któryś jest w niebie, święć się imię Twoje; przyjdź królestwo Twoje, bądź wola Twoja jako w niebie, tak i na ziemi. Chleba naszego powszedniego daj nam dzisiaj. I odpuść nam nasze winy, jako i my odpuszczamy naszym winowajcom. I nie wódź nas na pokuszenie, ale nas zbaw ode złego. Amen.

Pozdrowienie Anielskie

Zdrowaś Maryjo, łaski pełna, Pan z Tobą, błogosławionaś Ty między niewiastami, i błogosławiony owoc żywota Twojego, Jezus. Święta Maryjo, Matko Boża, módl się za nami grzesznymi teraz i w godzinę śmierci naszej. Amen.

Uwielbienie Trójcy Świętej

Chwała Ojcu i Synowi, i Duchowi Świętemu. Jak była na początku, teraz i zawsze, i na wieki wieków. Amen.

The Order of Mass

Introductory Rites

The faithful dispose themselves properly to celebrate the Eucharist.

Before Mass begins, the people gather in a spirit of recollection, preparing for their participation in the Mass.

All stand during the entrance procession.

Sign of the Cross

After the Entrance Chant, the Priest and the faithful sign themselves with the Sign of the Cross:

Priest: In the name of the Father, and of the Son, and of the Holy Spirit.

Response: Amen.

Greeting

The Priest greets the people, with one of the following:

1. Pr. The grace of our Lord Jesus Christ,
and the love of God,
and the communion of the Holy Spirit
be with you all.

2. Pr. Grace to you and peace from God our Father
and the Lord Jesus Christ.

3. Pr. The Lord be with you.

The people reply:

R. And with your spirit.

Obrzędy Mszy Świętej

Obrzędy Wstępne

Msza Święta rozpoczyna się pieśnią lub antyfoną na wejście w czasie której wierni stoją. Następnie prezbiter i wierni czynią znak krzyża.

Kapłan: W imię Ojca i Syna, i Ducha Świętego.
Odpowiedź: Amen.

Pozdrowienie. Kapłan wprowadza wiernych w liturgię dnia:
1. K. Miłość Boga Ojca, łaska naszego Pana,
Jezusa Chrystusa,
i dar jedności w Duchu Świętym niech będą
z wami wszystkimi.
2. K. Łaska i pokój od Boga, naszego Ojca, i od Pana Jezusa Chrystusa niech będą z wami.

3. K. Pan z wami.
O. I z duchem twoim.

The Priest, or a Deacon, or another minister, may very briefly introduce the faithful to the Mass of the day.

Penitential Act

There are three forms of the Penitential Act which may be chosen from as appropriate.

Pr. Brethren (brothers and sisters),
let us acknowledge our sins,
and so prepare ourselves to celebrate the sacred mysteries.

A brief pause for silence follows.
Then one of the following forms is used:

---

1. I confess to almighty God
and to you, my brothers and sisters,
that I have greatly sinned,
in my thoughts and in my words,
in what I have done and in what I have failed to do,
(*and, striking their breast, they say:*)
through my fault, through my fault,
through my most grievous fault;
therefore I ask blessed Mary ever-Virgin,
all the Angels and Saints,
and you, my brothers and sisters,
to pray for me to the Lord our God.

---

2. Pr. Have mercy on us, O Lord.
R. For we have sinned against you.
Pr. Show us, O Lord, your mercy.
R. And grant us your salvation.

Akt Pokuty

Kapłan wzywa wiernych do pokuty.

K. Uznajmy przed Bogiem,
że jesteśmy grzeszni, abyśmy mogli z czystym sercem złożyć Najświętszą Ofiarę.
(Kapłan może się posłużyć innymi słowami)
Po krótkim milczeniu wszyscy razem odmawiają wyznanie grzechów.

---

1. Spowiadam się Bogu wszechmogącemu
i wam, bracia i siostry,
że bardzo zgrzeszyłem
myślą, mową, uczynkiem i zaniedbaniem:
moja wina,
moja wina,
moja bardzo wielka wina.
Przeto błagam Najświętszą Maryję, zawsze Dziewicę,
wszystkich Aniołów i Świętych
i was, bracia i siostry, o modlitwę za mnie
do Pana Boga naszego.

---

2. K. Zmiłuj się nad nami, Panie.
O. Bo zgrzeszyliśmy przeciw Tobie.
K. Okaż nam, Panie, miłosierdzie swoje.
O. I daj nam swoje zbawienie.

Invocations naming the gracious works of the Lord may be made, as in the example below:

3. Pr. You were sent to heal the contrite of heart:
Lord, have mercy. *Or:* Kyrie, eleison.
R. Lord, have mercy. *Or:* **Kyrie, eleison.**
Pr. You came to call sinners:
Christ, have mercy. *Or:* Christe, eleison.
R. Christ, have mercy. *Or:* **Christe, eleison.**
Pr. You are seated at the right hand of the Father to intercede for us:
Lord, have mercy. *Or:* Kyrie, eleison.
R. Lord, have mercy. *Or:* **Kyrie, eleison.**

The absolution by the Priest follows:

Pr. May almighty God have mercy on us,
forgive us our sins,
and bring us to everlasting life.
R. Amen.

The Kyrie, eleison *(*Lord, have mercy*) invocations follow, unless they have just occurred.*

Pr. Lord, have mercy. **R. Lord, have mercy.**
Pr. Christ, have mercy. **R. Christ, have mercy.**
Pr. Lord, have mercy. **R. Lord, have mercy.**
Or:
Pr. Kyrie, eleison. **R. Kyrie, eleison.**
Pr. Christe, eleison. **R. Christe, eleison.**
Pr. Kyrie, eleison. **R. Kyrie, eleison.**

Kapłan prosi o odpuszczenie grzechów.

K. Niech się zmiłuje nad nami Bóg wszechmogący
i odpuściwszy nam grzechy
doprowadzi nas do życia wiecznego.

O. Amen.

Kýrie eléison. Następują wezwania do Chrystusa, jeśli nie użyto innej formy aktu pokuty.

K. Panie, zmiłuj się nad nami.

O. Panie, zmiłuj się nad nami.

K. Chryste, zmiłuj się nad nami.

O. Chryste, zmiłuj się nad nami.

K. Panie, zmiłuj się nad nami.

O. Panie, zmiłuj się nad nami.

The Gloria

On Sundays (outside of Advent and Lent), Solemnities and Feast Days, this hymn is either sung or said:

**Glory to God in the highest,
and on earth peace to people of good will.**

**We praise you,
we bless you,
we adore you,
we glorify you,
we give you thanks for your great glory,
Lord God, heavenly King,
O God, almighty Father.
Lord Jesus Christ, Only Begotten Son,
Lord God, Lamb of God, Son of the Father,
you take away the sins of the world, have mercy on us;
you take away the sins of the world, receive our prayer;
you are seated at the right hand of the Father,
have mercy on us.
For you alone are the Holy One,
you alone are the Lord,
you alone are the Most High,
Jesus Christ,
with the Holy Spirit,
in the glory of God the Father.
Amen.**

Chwała na wysokości Bogu

Jeżeli jest to przewidziane, śpiewa się lub odmawia hymn Chwała na wysokości Bogu.

Chwała na wysokości Bogu,
a na ziemi pokój ludziom dobrej woli.

Chwalimy Cię.
Błogosławimy Cię.
Wielbimy Cię.
Wysławiamy Cię.
Dzięki Ci składamy,
bo wielka jest chwała Twoja.
Panie Boże, Królu nieba,
Boże Ojcze wszechmogący,
Panie, Synu Jednorodzony, Jezu Chryste.
Panie Boże, Baranku Boży, Synu Ojca:
Który gładzisz grzechy świata,
zmiłuj się nad nami.
Który gładzisz grzechy świata,
przyjm błaganie nasze.
Który siedzisz po prawicy Ojca,
zmiłuj się nad nami.
Albowiem tylko Tyś jest święty.
Tylko Tyś jest Panem.
Tylko Tyś Najwyższy, Jezu Chryste,
z Duchem Świętym w chwale Boga Ojca.
Amen.

When this hymn is concluded, the Priest, says:

Pr. Let us pray.

And all pray in silence. Then the Priest says the Collect prayer, which ends:

R. Amen.

THE LITURGY OF THE WORD

By hearing the word proclaimed in worship, the faithful again enter into a dialogue with God.

First Reading

The reader goes to the ambo and proclaims the First Reading, while all sit and listen. The reader ends:

The word of the Lord.

R. Thanks be to God.

It is appropriate to have a brief time of quiet between readings as those present take the word of God to heart.

Psalm

The psalmist or cantor sings or says the Psalm, with the people making the response.

Second Reading

On Sundays and certain other days there is a second reading. It concludes with the same response as above.

Gospel

The assembly stands for the Gospel Acclamation. Except during Lent the Acclamation is:

R. Alleluia

Po skończeniu hymnu kapłan ze złożonymi rękami mówi: Módlmy się.(...)
Wszyscy razem z kapłanem modlą się przez pewien czas w milczeniu. Potem kapłan z rozłożonymi rękami odmawia modlitwę. **O. Amen**

Liturgia Słowa

Lektor odczytuje pierwsze czytanie, którego wszyscy słuchają siedząc. Aby zaznaczyć koniec czytania, lektor dodaje:

Pierwsze Czytanie

L. Oto słowo Boże.

O. Bogu niech będą dzięki.

Psalm

Kantor śpiewa lub recytuje psalm, a wszyscy powtarzają refren.

Czytanie drugie

Następnie, jeżeli jest drugie czytanie, lektor je odczytuje. Lektor zaznacza koniec czytania słowami:

L. Oto słowo Boże.

O. Bogu niech będą dzięki.

Ewangelia

Alleluja. Następuje Alleluja lub inny śpiew przed Ewangelią.

During Lent the following forms are used:

R. Praise to you, O Christ, king of eternal glory! *Or*:

R. Praise and honour to you, Lord Jesus! *Or*:

R. Glory and praise to you, O Christ! *Or*:

R. Glory to you, O Christ, you are the Word of God!

At the ambo the Deacon, or the Priest says:

Pr. The Lord be with you.

R. And with your spirit.

Pr. A reading from the holy Gospel according to *N.*

He makes the Sign of the Cross on the book and, together with the people, on his forehead, lips, and breast.

R. Glory to you, O Lord.

At the end of the Gospel:

Pr. The Gospel of the Lord.

R. Praise to you, Lord Jesus Christ.

After the Gospel all sit to listen to the homily.

The Homily

Then follows the Homily, which is preached by a Priest or Deacon on all Sundays and Holydays of Obligation. After a brief silence all stand.

The Creed

On Sundays and Solemnities, the Profession of Faith will follow. The Apostles' Creed may be used.

Następnie kapłan zwraca się do zebranych:
K. Pan z wami.
O. I z duchem twoim.
K. Słowa Ewangelii według świętego *N.*
O. Chwała Tobie, Panie.

Po przeczytaniu Ewangelii kapłan mówi:
K. Oto słowo Pańskie.
O. Chwała Tobie, Chryste.

Homilia

Następuje homilia. Należy ją głosić we wszystkie niedziele i święta nakazane; w inne dni jest zalecana. Jeżeli jest to przepisane, po homilii składa się wyznanie wiary.

The Niceno-Constantinopolitan Creed

**I believe in one God,
the Father almighty,
maker of heaven and earth,
of all things visible and invisible.**

**I believe in one Lord Jesus Christ,
the Only Begotten Son of God,
born of the Father before all ages.
God from God, Light from Light,
true God from true God,
begotten, not made, consubstantial with the Father;
through him all things were made.
For us men and for our salvation
he came down from heaven,** (*all bow*)
**and by the Holy Spirit was incarnate of the Virgin Mary,
and became man.**

**For our sake he was crucified under Pontius Pilate,
he suffered death and was buried,
and rose again on the third day
in accordance with the Scriptures.
He ascended into heaven
and is seated at the right hand of the Father.
He will come again in glory
to judge the living and the dead
and his kingdom will have no end.
I believe in the Holy Spirit, the Lord, the giver of life,
who proceeds from the Father and the Son,**

Wyznanie Wiary

Wierzę w jednego Boga,
Ojca wszechmogącego,
Stworzyciela nieba i ziemi,
wszystkich rzeczy widzialnych i niewidzialnych.
I w jednego Pana Jezusa Chrystusa,
Syna Bożego Jednorodzonego,
który z Ojca jest zrodzony
przed wszystkimi wiekami.
Bóg z Boga, Światłość ze Światłości,
Bóg prawdziwy z Boga prawdziwego.
Zrodzony a nie stworzony,
współistotny Ojcu, a przez Niego wszystko się stało.
On to dla nas ludzi i dla naszego zbawienia zstąpił z nieba.
I za sprawą Ducha Świętego
przyjął ciało z Maryi Dziewicy i stał się człowiekiem.
Ukrzyżowany również za nas,
pod Poncjuszem Piłatem został umęczony i pogrzebany.
I zmartwychwstał dnia trzeciego,
jak oznajmia Pismo.
I wstąpił do nieba; siedzi po prawicy Ojca.
I powtórnie przyjdzie w chwale
sądzić żywych i umarłych,
a Królestwu Jego nie będzie końca.
Wierzę w Ducha Świętego, Pana i Ożywiciela,
który od Ojca i Syna pochodzi.

**who with the Father and the Son is adored and glorified,
who has spoken through the prophets.**

**I believe in one, holy, catholic and apostolic Church.
I confess one Baptism for the forgiveness of sins
and I look forward to the resurrection of the dead
and the life of the world to come. Amen.**

The Apostles' Creed

**I believe in God,
the Father almighty
Creator of heaven and earth,
and in Jesus Christ, his only Son, our Lord,** (*all bow*)
**who was conceived by the Holy Spirit,
born of the Virgin Mary,
suffered under Pontius Pilate,
was crucified, died and was buried;
he descended into hell;
on the third day he rose again from the dead;
he ascended into heaven,
and is seated at the right hand of God
the Father almighty;
from there he will come to judge the living and the dead.**

**I believe in the Holy Spirit,
the holy catholic Church,
the communion of saints,
the forgiveness of sins,
the resurrection of the body,
and life everlasting. Amen.**

Który z Ojcem i Synem wspólnie odbiera uwielbienie i chwałę; który mówił przez Proroków.

Wierzę w jeden, święty, powszechny i apostolski Kościół.
Wyznaję jeden chrzest na odpuszczenie grzechów.
I oczekuję wskrzeszenia umarłych.
I życia wiecznego w przyszłym świecie. Amen.

Sklad Apostolski

Wierzę w Boga, Ojca Wszechmogącego,
Stworzyciela nieba i ziemi.
I w Jezusa Chrystusa,
Syna Jego Jedynego, Pana naszego,
który się począł z Ducha Świętego,
narodził się z Maryi Panny;
umęczon pod Ponckim Piłatem, ukrzyżowan,
umarł i pogrzebion;
zstąpił do piekieł,
trzeciego dnia zmartwychwstał;
wstąpił na niebiosa,
siedzi po prawicy Boga Ojca Wszechmogącego;
stamtąd przyjdzie sądzić żywych i umarłych.
Wierzę w Ducha Świętego;
Święty Kościół powszechny,
Świętych obcowanie;
grzechów odpuszczenie;
ciała zmartwychwstanie;
żywot wieczny. Amen.

The Prayer of the Faithful (Bidding Prayers)

Intentions will normally be for the Church; for the world; for those in particular need; and for the local community. After each there is time for silent prayer, followed by the next intention, or concluded with a sung phrase such as **Christ, hear us**, *or* **Christ graciously hear us**, *or by a responsory such as*:

Let us pray to the Lord.

R. Grant this, almighty God. *Or*:

R. Lord, have mercy. *Or*:

R. Kyrie, eleison.

The Priest concludes the Prayer with a collect.

THE LITURGY OF THE EUCHARIST

For Catholics, the Eucharist is the source and summit of the whole Christian Life.

After the Liturgy of the Word, the people sit and the Offertory Chant begins. The faithful express their participation by making an offering, bringing forward bread and wine for the celebration of the Eucharist.

Preparatory Prayers

Standing at the altar, the Priest takes the paten with the bread and holds it slightly raised above the altar with both hands, saying:

Modlitwa Powszechna

Wierni wyrażają swoje prośby w formie wspólnej inwokacji po intencjach.

L. Ciebie prosimy.

O. Wysłuchaj nas Panie.

Liturgia Eucharystyczna

Po liturgii słowa rozpoczyna się śpiew na przygotowanie darów. Chleb i wino przeznaczone do sprawowania Eucharystii zanosi się na ołtarz.

Przygotowanie darów

Kapłan stojąc przy ołtarzu bierze patenę z chlebem, unosi ją nieco nad ołtarzem i mówi cicho lub głośno w przypadku braku śpiewu:

Pr. Blessed are you, Lord God of all creation,
for through your goodness we have received
the bread we offer you:
fruit of the earth and work of human hands,
it will become for us the bread of life.

R. Blessed be God for ever.

The Priest then takes the chalice and holds it slightly raised above the altar with both hands, saying:

Pr. Blessed are you, Lord God of all creation,
for through your goodness we have received
the wine we offer you:
fruit of the vine and work of human hands,
it will become our spiritual drink.

R. Blessed be God for ever.

The Priest completes additional personal preparatory rites, and the people rise as he says:

Pr. Pray, brethren (brothers and sisters),
that my sacrifice and yours
may be acceptable to God,
the almighty Father.

**R. May the Lord accept the sacrifice at your hands
for the praise and glory of his name,
for our good
and the good of all his holy Church.**

K. Błogosławiony jesteś, Panie, Boże wszechświata,
bo dzięki Twojej hojności otrzymaliśmy chleb,
który jest owocem ziemi i pracy rąk ludzkich;
Tobie go przynosimy,
aby stał się dla nas chlebem życia.
O. Błogosławiony jesteś, Boże, teraz i na wieki.
K. Przez to misterium wody i wina
daj nam Boże, udział w bóstwie Chrystusa,
który przyjął nasze człowieczeństwo.
Potem kapłan bierze kielich, unosi go nieco nad ołtarzem i mówi cicho:
K. Błogosławiony jesteś, Panie, Boże wszechświata,
bo dzięki Twojej hojności otrzymaliśmy wino,
które jest owocem winnego krzewu i pracy rąk ludzkich;
Tobie je przynosimy, aby stało się dla nas napojem duchowym.
O. Błogosławiony jesteś, Boże, teraz i na wieki.
Wezwanie do modlitwy. Następnie stojąc przed środkiem ołtarza kapłan zwrócony do ludu, rozkładając i składając ręce, mówi:
K. Módlcie się,
aby moją i waszą Ofiarę
przyjął Bóg, Ojciec wszechmogący.
O. Niech Pan przyjmie Ofiarę z rąk twoich
na cześć i chwałę swojego imienia,
a także na pożytek nasz i całego Kościoła świętego.

The Prayer over the Offerings

The Priest concludes the Prayer over the Offerings: **R. Amen.**

The Eucharistic Prayer

Extending his hands, the Priest says:

Pr. The Lord be with you.

R. And with your spirit.

Pr. Lift up your hearts.

R. We lift them up to the Lord.

Pr. Let us give thanks to the Lord our God.

R. It is right and just.

At the end of the Preface all sing or say:

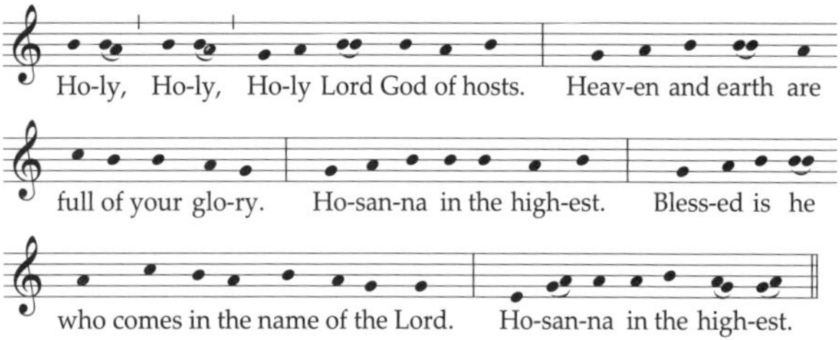

Holy, Holy, Holy Lord God of hosts.
Heaven and earth are full of your glory.
Hosanna in the highest.
Blessed is he who comes in the name of the Lord.
Hosanna in the highest.

After the Sanctus the congregation kneels.

Modlitwa nad darami

O. Amen.

Prefacja

Prefacja jest uroczystym wezwaniem do dziękczynienia i podaje jego motywy. Zależnie od dnia, kapłan odmawia odpowiednią prefację.

K. Pan z wami.

O. I z duchem twoim.

K. W górę serca.

O. Wznosimy je do Pana.

K. Dzięki składajmy Panu Bogu naszemu.

O. Godne to i sprawiedliwe.

Po zakończeniu prefacji wszyscy śpiewają lub recytują:

Święty, Święty, Święty, Pan Bóg Zastępów.
Pełne są niebiosa i ziemia chwały Twojej.
Hosanna na wysokości.
Błogosławiony, który idzie w imię Pańskie.
Hosanna na wysokości.

Eucharistic Prayer I
(The Roman Canon)

Pr. To you, therefore, most merciful Father,
we make humble prayer and petition
through Jesus Christ, your Son, our Lord:
that you accept
and bless ✠ these gifts, these offerings,
these holy and unblemished sacrifices,
which we offer you firstly
for your holy catholic Church.
Be pleased to grant her peace,
to guard, unite and govern her
throughout the whole world,
together with your servant *N.* our Pope and *N.* our Bishop,
and all those who, holding to the truth,
hand on the catholic and apostolic faith.

Remember, Lord, your servants *N.* and *N.*
and all gathered here,
whose faith and devotion are known to you.
For them, we offer you this sacrifice of praise
or they offer it for themselves
and all who are dear to them:
for the redemption of their souls,
in hope of health and well-being,
and paying their homage to you,
the eternal God, living and true.

Pierwsza Modlitwa Eucharystyczna

K. Ojcze nieskończenie dobry,
pokornie Cię błagamy przez Jezusa Chrystusa, Twojego Syna, naszego Pana,
abyś przyjął i pobłogosławił te święte dary ofiarne.

Składamy je Tobie przede wszystkim
za Twój święty Kościół powszechny,
razem z Twoim sługą, naszym Papieżem *N.*
i naszym Biskupem *N.*
oraz wszystkimi, którzy wiernie strzegą
wiary katolickiej i apostolskiej.
Obdarz swój Kościół pokojem i jednością,
otaczaj opieką i rządź nim na całej ziemi.

Pamiętaj, Boże, o swoich sługach i służebnicach *N.* i *N.*,
i o wszystkich tu zgromadzonych,
których wiara i oddanie są Ci znane.
Za nich składamy Tobie tę Ofiarę uwielbienia,
a także oni ją składają
i wznoszą swoje modlitwy ku Tobie,
Bogu wiecznemu,
żywemu i prawdziwemu,
za siebie oraz za wszystkich swoich bliskich,
aby dostąpić odkupienia dusz swoich
i osiągnąć zbawienie.

Zjednoczeni z całym Kościołem,
ze czcią wspominamy

In communion with those whose memory we venerate,
especially the glorious ever-Virgin Mary,
Mother of our God and Lord, Jesus Christ,
and blessed Joseph, her Spouse,
your blessed Apostles and Martyrs,
Peter and Paul, Andrew,
(James, John,
Thomas, James, Philip,
Bartholomew, Matthew,
Simon and Jude;
Linus, Cletus, Clement, Sixtus,
Cornelius, Cyprian,
Lawrence, Chrysogonus,
John and Paul,
Cosmas and Damian)
and all your Saints;
we ask that through their merits and prayers,
in all things we may be defended
by your protecting help.
(Through Christ our Lord. Amen.)

Therefore, Lord, we pray:
graciously accept this oblation of our service,
that of your whole family;
order our days in your peace,
and command that we be delivered
from eternal damnation
and counted among the flock of those you have chosen.
(Through Christ our Lord. Amen.)

najpierw pełną chwały Maryję,
zawsze Dziewicę,
Matkę Boga i naszego Pana Jezusa Chrystusa,
a także świętego Józefa,
Oblubieńca Najświętszej Dziewicy,
oraz Twoich świętych Apostołów i Męczenników:
Piotra i Pawła, Andrzeja,
(Jakuba, Jana, Tomasza,
Jakuba, Filipa, Bartłomieja,
Mateusza, Szymona i Tadeusza,
Linusa, Kleta, Klemensa, Sykstusa,
Korneliusza, Cypriana,
Wawrzyńca, Chryzogona,
Jana i Pawła, Kosmę i Damiana)
i wszystkich Twoich Świętych.
Przez ich zasługi i modlitwy
otaczaj nas we wszystkim swoją przemożną opieką.
(Przez Chrystusa, Pana naszego. Amen.)

Boże, przyjmij łaskawie tę Ofiarę od nas, sług Twoich,
i całego ludu Twego.

Napełnij nasze życie swoim pokojem,
zachowaj nas od wiecznego potępienia i dołącz do grona swoich wybranych.
(Przez Chrystusa, Pana naszego. Amen.)

Be pleased, O God, we pray,
to bless, acknowledge,
and approve this offering in every respect;
make it spiritual and acceptable,
so that it may become for us
the Body and Blood of your most beloved Son,
our Lord Jesus Christ.

On the day before he was to suffer,
he took bread in his holy and venerable hands,
and with eyes raised to heaven
to you, O God, his almighty Father,
giving you thanks, he said the blessing,
broke the bread
and gave it to his disciples, saying:

TAKE THIS, ALL OF YOU, AND EAT OF IT,
FOR THIS IS MY BODY,
WHICH WILL BE GIVEN UP FOR YOU.

In a similar way, when supper was ended,
he took this precious chalice
in his holy and venerable hands,
and once more giving you thanks, he said the blessing
and gave the chalice to his disciples, saying:

TAKE THIS, ALL OF YOU, AND DRINK FROM IT,
FOR THIS IS THE CHALICE OF MY BLOOD,
THE BLOOD OF THE NEW AND ETERNAL COVENANT,
WHICH WILL BE POURED OUT FOR YOU AND FOR MANY
FOR THE FORGIVENESS OF SINS.

DO THIS IN MEMORY OF ME.’

Prosimy Cię, Boże, uświęć tę Ofiarę pełnią swojego błogosławieństwa, mocą Twojego Ducha uczyń ją doskonałą i miłą sobie,
aby się stała dla nas Ciałem i Krwią Twojego umiłowanego Syna, naszego Pana Jezusa Chrystusa.

On to w dzień przed męką wziął chleb w swoje święte i czcigodne ręce, podniósł oczy ku niebu,
do Ciebie, Boga, swojego Ojca wszechmogącego,
i dzięki Tobie składając, błogosławił,
łamał i rozdawał swoim uczniom, mówiąc:

'Bierzcie i jedzcie z tego wszyscy:
To jest bowiem Ciało moje,
które za was będzie wydane.'

Podobnie po wieczerzy wziął ten przesławny kielich w swoje święte i czcigodne ręce, ponownie dzięki Tobie składając, błogosławił i podał swoim uczniom mówiąc:

'Bierzcie i pijcie z niego wszyscy:
To jest bowiem kielich Krwi mojej
nowego i wiecznego przymierza,
która za was i za wielu będzie wylana
na odpuszczenie grzechów.

To czyńcie na moją pamiątkę.'

Pr. The mystery of faith.

The people continue, acclaiming one of the following:

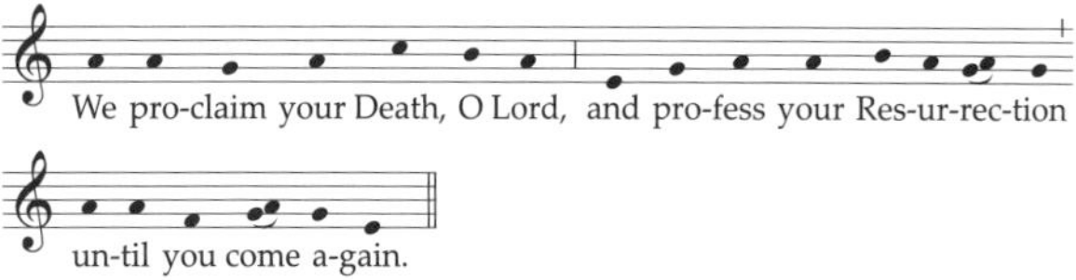

1. We proclaim your Death, O Lord,
and profess your Resurrection
until you come again.

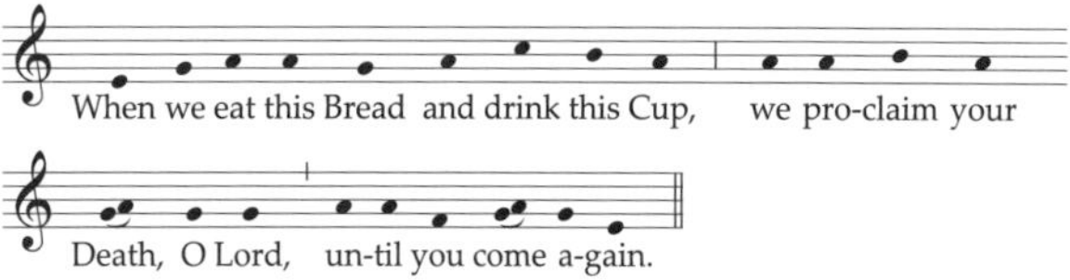

2. When we eat this Bread and drink this Cup,
we proclaim your Death, O Lord,
until you come again.

3. Save us, Saviour of the world,
for by your Cross and Resurrection
you have set us free.

K. Oto wielka tajemnica wiary.

O. Głosimy śmierć Twoją, Panie Jezu,
wyznajemy Twoje zmartwychwstanie
i oczekujemy Twego przyjścia w chwale.

K. Uwielbiajmy tajemnicę wiary.
O. Panie, Ty nas wybawiłeś
przez krzyż i zmartwychwstanie swoje,
Ty jesteś Zbawicielem świata.

K. Tajemnica wiary.
O. Chrystus umarł,
Chrystus zmartwychwstał,
Chrystus powróci.

Pr. Therefore, O Lord,
as we celebrate the memorial of the blessed Passion,
the Resurrection from the dead,
and the glorious Ascension into heaven
of Christ, your Son, our Lord,
we, your servants and your holy people,
offer to your glorious majesty
from the gifts that you have given us,
this pure victim,
this holy victim,
this spotless victim,
the holy Bread of eternal life
and the Chalice of everlasting salvation.

Be pleased to look upon these offerings
with a serene and kindly countenance,
and to accept them,
as once you were pleased to accept
the gifts of your servant Abel the just,
the sacrifice of Abraham, our father in faith,
and the offering of your high priest Melchizedek,
a holy sacrifice, a spotless victim.

In humble prayer we ask you, almighty God:
command that these gifts be borne
by the hands of your holy Angel
to your altar on high
in the sight of your divine majesty,
so that all of us, who through this participation at the altar

K. Boże Ojcze, my Twoi słudzy,
oraz lud Twój święty,
wspominając błogosławioną mękę,
zmartwychwstanie
oraz chwalebne wniebowstąpienie Twojego Syna,
naszego Pana Jezusa Chrystusa,
składamy Twojemu najwyższemu majestatowi
z otrzymanych od Ciebie darów
Ofiarę czystą, świętą i doskonałą,
Chleb święty życia wiecznego
i Kielich wiekuistego zbawienia.

Racz wejrzeć na nie z miłością i łaskawie przyjąć,
podobnie jak przyjąłeś dary swojego sługi,
sprawiedliwego Abla,
i ofiarę naszego Patriarchy Abrahama
oraz tę ofiarę,
którą Ci złożył najwyższy Twój kapłan Melchizedek,
jako zapowiedź Ofiary doskonałej.

Pokornie Cię błagamy, wszechmogący Boże,
niech Twój święty Anioł zaniesie tę ofiarę na ołtarz
w niebie,
przed oblicze Boskiego majestatu Twego,
abyśmy przyjmując z tego ołtarza
Najświętsze Ciało i Krew Twojego Syna,
otrzymali obfite błogosławieństwo i łaskę.
(Przez Chrystusa, Pana naszego. Amen.)

receive the most holy Body and Blood of your Son,
may be filled with every grace and heavenly blessing.
(Through Christ our Lord. Amen.)

Remember also, Lord, your servants *N.* and *N.*,
who have gone before us with the sign of faith
and rest in the sleep of peace.
Grant them, O Lord, we pray,
and all who sleep in Christ,
a place of refreshment, light and peace.
(Through Christ our Lord. Amen.)
To us, also, your servants, who, though sinners,
hope in your abundant mercies,
graciously grant some share
and fellowship with your holy Apostles and Martyrs:
with John the Baptist, Stephen,
Matthias, Barnabas,
(Ignatius, Alexander,
Marcellinus, Peter,
Felicity, Perpetua,
Agatha, Lucy,
Agnes, Cecilia, Anastasia)
and all your Saints;
admit us, we beseech you,
into their company,
not weighing our merits,
but granting us your pardon,
through Christ our Lord.

Pamiętaj, Boże o swoich sługach i służebnicach *N.* i *N.*,
którzy przed nami odeszli ze znakiem wiary
i śpią w pokoju.
Błagamy Cię, daj tym zmarłym
oraz wszystkim spoczywającym w Chrystusie
udział w Twojej radości, światłości i pokoju.
(Przez Chrystusa, Pana naszego. Amen.)

Również nam, Twoim grzesznym sługom,
ufającym w Twoje miłosierdzie,
daj udział we wspólnocie z Twoimi świętymi Apostołami
i Męczennikami:
Janem Chrzcicielem, Szczepanem,
Maciejem, Barnabą,
(Ignacym, Aleksandrem,
Marcelinem, Piotrem,
Felicytą, Perpetuą,
Agatą, Łucją,
Agnieszką, Cecylią, Anastazją)
i wszystkimi Twoimi Świętymi;
prosimy Cię, dopuść nas do ich grona
nie z powodu naszych zasług,
lecz dzięki Twojemu przebaczeniu.

Przez Chrystusa, naszego Pana,
przez którego, Boże,

Through whom
you continue to make all these good things, O Lord;
you sanctify them, fill them with life,
bless them, and bestow them upon us.

The Priest takes the chalice and the paten with the host:
Pr. Through him, and with him, and in him,
O God, almighty Father,
in the unity of the Holy Spirit,
all glory and honour is yours,
for ever and ever.
R. Amen.
Then follows the Communion Rite, p. 66.

Eucharistic Prayer II

Pr. The Lord be with you.
R. And with your spirit.
Pr. Lift up your hearts.
R. We lift them up to the Lord.
Pr. Let us give thanks to the Lord our God.
R. It is right and just.
Pr. It is truly right and just, our duty and our salvation,
always and everywhere to give you thanks, Father most holy,
through your beloved Son, Jesus Christ,
your Word through whom you made all things,
whom you sent as our Saviour and Redeemer,
incarnate by the Holy Spirit and born of the Virgin.

wszystkie te dobra
ustawicznie stwarzasz,
uświęcasz, ożywiasz,
błogosławisz i nam ich udzielasz.

Przez Chrystusa, z Chrystusem i w Chrystusie,
Tobie, Boże, Ojcze wszechmogący,
w jedności Ducha Świętego,
wszelka cześć i chwała,
przez wszystkie wieki wieków.
O. Amen.
Obrzędy Komunii, s. 67.

Druga Modlitwa Eucharystyczna

K. Pan z wami.
O. I z duchem twoim.
K. W górę serca.
O. Wznosimy je do Pana.
K. Dzięki składajmy Panu Bogu naszemu.
O. Godne to i sprawiedliwe.
Zaprawdę, godne to i sprawiedliwe,
słuszne i zbawienne, abyśmy Tobie, Ojcze święty,
zawsze i wszędzie składali dziękczynienie
przez umiłowanego Syna Twojego, Jezusa Chrystusa.

On jest Słowem Twoim, przez
które wszystko stworzyłeś. Jego nam zesłałeś
jako Zbawiciela i Odkupiciela,
który stał się człowiekiem za sprawą Ducha Świętego

Fulfilling your will and gaining for you a holy people,
he stretched out his hands as he endured his Passion,
so as to break the bonds of death and manifest
the resurrection.

And so, with the Angels and all the Saints
we declare your glory,
as with one voice we acclaim:
The people sing or say aloud the Sanctus as on p. 26.

Pr. You are indeed Holy, O Lord,
the fount of all holiness.
Make holy, therefore, these gifts, we pray,
by sending down your Spirit upon them like the dewfall,
so that they may become for us
the Body and ✠ Blood of our Lord Jesus Christ.

At the time he was betrayed
and entered willingly into his Passion,
he took bread and, giving thanks, broke it,
and gave it to his disciples, saying:

> 'TAKE THIS, ALL OF YOU, AND EAT OF IT,
> FOR THIS IS MY BODY,
> WHICH WILL BE GIVEN UP FOR YOU.'

In a similar way, when supper was ended,
he took the chalice
and, once more giving thanks,
he gave it to his disciples, saying:

i narodził się z Dziewicy. On spełniając Twoją wolę,
nabył dla Ciebie lud święty,
gdy wyciągnął swoje ręce na krzyżu,
aby śmierć pokonać i objawić moc Zmartwychwstania.

Dlatego z Aniołami i wszystkimi Świętymi
głosimy Twoją chwałę, razem z nimi wołając:

Po zakończeniu prefacji wszyscy śpiewają lub recytują:
Sanctus, s. 27.

K. Zaprawdę święty jesteś, Boże,
źródło wszelkiej świętości. Uświęć te dary
mocą Twojego Ducha,
aby stały się dla nas Ciałem i Krwią
naszego Pana, Jezusa Chrystusa.

On to, gdy dobrowolnie wydał się na mękę,
wziął chleb i dzięki Tobie składając,
łamał i rozdawał swoim uczniom, mówiąc:

'Bierzcie i jedzcie z tego wszyscy:
to jest bowiem Ciało moje,
które za was będzie wydane.'

Podobnie po wieczerzy
wziął kielich
i ponownie dzięki Tobie składając
podał swoim uczniom, mówiąc:

'TAKE THIS, ALL OF YOU, AND DRINK FROM IT,
FOR THIS IS THE CHALICE OF MY BLOOD,
THE BLOOD OF THE NEW AND ETERNAL COVENANT,
WHICH WILL BE POURED OUT FOR YOU AND FOR MANY
FOR THE FORGIVENESS OF SINS.

DO THIS IN MEMORY OF ME.'

Pr. The mystery of faith.
The people continue with one of the acclamations on p. 34.

Pr. Therefore, as we celebrate
the memorial of his Death and Resurrection,
we offer you, Lord,
the Bread of life and the Chalice of salvation,
giving thanks that you have held us worthy
to be in your presence and minister to you.
Humbly we pray
that, partaking of the Body and Blood of Christ,
we may be gathered into one by the Holy Spirit.

Remember, Lord, your Church,
spread throughout the world,
and bring her to the fullness of charity,
together with *N.* our Pope and *N.* our Bishop
and all the clergy.

'Bierzcie i pijcie z niego wszyscy:
to jest bowiem kielich Krwi mojej
nowego i wiecznego przymierza,
która za was i za wielu będzie wylana
na odpuszczenie grzechów.

To czyncie na moją pamiątkę.'

K. Oto wielka tajemnica wiary.
Wszyscy odpowiadają jak na s. 35.

K. Wspominając śmierć i zmartwychwstanie Twojego Syna,
ofiarujemy Tobie, Boże, Chleb życia i Kielich zbawienia
i dziękujemy, że nas wybrałeś,
abyśmy stali przed Tobą i Tobie służyli.
Pokornie błagamy,
aby Duch Święty zjednoczył nas wszystkich,
przyjmujących Ciało i Krew Chrystusa.

Pamiętaj, Boże, o Twoim Kościele na całej ziemi.
Spraw, aby lud Twój wzrastał w miłości
razem z naszym Papieżem *N.*,
naszym Biskupem *N.* oraz całym duchowieństwem.

In Masses for the Dead, the following may be added:
Remember your servant *N.*,
whom you have called (today)
from this world to yourself.
Grant that he (she) who was united with your Son
in a death like his,
may also be one with him in his Resurrection.

Remember also our brothers and sisters
who have fallen asleep in the hope of the resurrection,
and all who have died in your mercy:
welcome them into the light of your face.
Have mercy on us all, we pray,
that with the Blessed Virgin Mary, Mother of God,
with blessed Joseph, her Spouse,
with the blessed Apostles,
and all the Saints who have pleased you throughout the ages,
we may merit to be coheirs to eternal life,
and may praise and glorify you
through your Son, Jesus Christ.

The Priest takes the chalice and the paten with the host:
Through him, and with him, and in him,
O God, almighty Father,
in the unity of the Holy Spirit,
all glory and honour is yours,
for ever and ever.
R. Amen.
Then follows the Communion Rite, p. 66.

W Mszach ofiarowanych za zmarłych można dodać:
Pamiętaj o Twoim słudze *N.*, którego
(Twojej służebnicy *N.*, którą)
(dzisiaj) z tego świata wezwałeś do siebie.
Spraw, aby ten, który (ta, która) przez chrzest
został(a) włączony (włączona) w śmierć Twojego Syna,
miał(a) również udział w Jego zmartwychwstaniu.

Pamiętaj także o naszych zmarłych braciach i siostrach,
którzy zasnęli z nadzieją zmartwychwstania,
i o wszystkich, którzy w Twojej łasce odeszli z tego świata.
Dopuść ich do oglądania Twojej światłości.
Prosimy Cię, zmiłuj się nad nami wszystkimi
i daj nam udział w życiu wiecznym
z Najświętszą Bogurodzicą Dziewicą Maryją,
ze świętym Józefem, Jej Oblubieńcem
ze świętymi Apostołami,
i wszystkimi Świętymi,
którzy w ciągu wieków podobali się Tobie,
abyśmy z nimi wychwalali Ciebie przez Twojego Syna,
Jezusa Chrystusa.

Przez Chrystusa, z Chrystusem i w Chrystusie,
Tobie, Boże, Ojcze wszechmogący,
w jedności Ducha Świętego,
wszelka cześć i chwała, przez wszystkie wieki wieków.
O. Amen.
Obrzędy Komunii, s. 67.

Eucharistic Prayer III

Pr. You are indeed Holy, O Lord,
and all you have created
rightly gives you praise,
for through your Son our Lord Jesus Christ,
by the power and working of the Holy Spirit,
you give life to all things and make them holy,
and you never cease to gather a people to yourself,
so that from the rising of the sun to its setting
a pure sacrifice may be offered to your name.

Therefore, O Lord, we humbly implore you:
by the same Spirit graciously make holy
these gifts we have brought to you for consecration,
that they may become the Body and ✠ Blood
of your Son our Lord Jesus Christ,
at whose command we celebrate these mysteries.

For on the night he was betrayed
he himself took bread,
and, giving you thanks, he said the blessing,
broke the bread and gave it to his disciples, saying:

TAKE THIS, ALL OF YOU,
AND EAT OF IT, FOR THIS IS MY BODY,
WHICH WILL BE GIVEN UP FOR YOU.

In a similar way, when supper was ended,
he took the chalice,
and, giving you thanks, he said the blessing,
and gave the chalice to his disciples, saying:

Trzecia Modlitwa Eucharystyczna

K. Zaprawdę święty jesteś, Boże,
i słusznie Cię sławi wszelkie stworzenie,
bo przez Jezusa Chrystusa, Twojego Syna, naszego Pana,
mocą Ducha Świętego ożywiasz i uświęcasz wszystko oraz nieustannie gromadzisz lud swój,
aby na całej ziemi składał Tobie ofiarę czystą.
Pokornie błagamy Cię, Boże,
uświęć mocą Twojego Ducha te dary,
które przynieśliśmy Tobie,
aby się stały Ciałem i Krwią
Twojego Syna, naszego Pana, Jezusa Chrystusa,
który nam nakazał spełniać to misterium.
On bowiem tej nocy,
której był wydany,
wziął chleb i dzięki Tobie składając, błogosławił,
łamał i rozdawał swoim uczniom, mówiąc:

BIERZCIE I JEDZCIE Z TEGO WSZYSCY:
TO JEST BOWIEM CIAŁO MOJE,
KTÓRE ZA WAS BĘDZIE WYDANE.

Podobnie po wieczerzy
wziął kielich
i dzięki Tobie składając błogosławił
i podał swoim uczniom, mówiąc:

'TAKE THIS, ALL OF YOU, AND DRINK FROM IT,
FOR THIS IS THE CHALICE OF MY BLOOD
THE BLOOD OF THE NEW AND ETERNAL COVENANT,
WHICH WILL BE POURED OUT FOR YOU AND FOR MANY
FOR THE FORGIVENESS OF SINS.

DO THIS IN MEMORY OF ME.'

Pr. The mystery of faith.
The people continue with one of the acclamations on p. 34.

Pr. Therefore, O Lord, as we celebrate the memorial
of the saving Passion of your Son,
his wondrous Resurrection
and Ascension into heaven,
and as we look forward to his second coming,
we offer you in thanksgiving
this holy and living sacrifice.

Look, we pray, upon the oblation of your Church
and, recognizing the sacrificial Victim by whose death
you willed to reconcile us to yourself,
grant that we, who are nourished
by the Body and Blood of your Son
and filled with his Holy Spirit,
may become one body, one spirit in Christ.

May he make of us
an eternal offering to you,

Bierzcie i pijcie z niego wszyscy:
to jest bowiem kielich Krwi mojej
nowego i wiecznego przymierza,
która za was i za wielu będzie wylana
na odpuszczenie grzechów.

To czyńcie na moją pamiątkę.'

K. Oto wielka tajemnica wiary.
Wszyscy odpowiadają jak na s. 35.

K. Wspominając, Boże,
zbawczą mękę Twojego Syna,
jak również cudowne Jego zmartwychwstanie
i wniebowstąpienie,
oraz czekając na powtórne Jego przyjście,
składamy Ci wśród dziękczynnych modłów
tę żywą i świętą Ofiarę.

Wejrzyj, prosimy, na dar Twojego Kościoła
i przyjmij Ofiarę, przez którą nas pojednałeś ze sobą.
Spraw abyśmy posileni Ciałem i Krwią Twojego Syna
i napełnieni Duchem Świętym,
stali się jednym ciałem i jedną duszą w Chrystusie.

Niech On nas uczyni wiecznym darem dla Ciebie,
abyśmy otrzymali dziedzictwo z Twoimi wybranymi,
przede wszystkim z Najświętszą Dziewicą, Bogurodzicą Maryją,

so that we may obtain an inheritance with your elect,
especially with the most Blessed Virgin Mary, Mother of God,
with blessed Joseph, her Spouse,
with your blessed Apostles and glorious Martyrs
(with Saint *N.*: *the Saint of the day or Patron Saint*)
and with all the Saints,
on whose constant intercession in your presence
we rely for unfailing help.

May this Sacrifice of our reconciliation,
we pray, O Lord,
advance the peace and salvation of all the world.
Be pleased to confirm in faith and charity
your pilgrim Church on earth,
with your servant *N.* our Pope and *N.* our Bishop,
the Order of Bishops, all the clergy,
and the entire people you have gained for your own.

Listen graciously to the prayers of this family,
whom you have summoned before you:
in your compassion, O merciful Father,
gather to yourself all your children
scattered throughout the world.

† To our departed brothers and sisters
and to all who were pleasing to you
at their passing from this life,
give kind admittance to your kingdom.
There we hope to enjoy for ever the fullness of your glory
through Christ our Lord,
through whom you bestow on the world all that is good.†

ze świętym Józefem, Jej Oblubieńcem
ze świętymi Apostołami i Męczennikami,
(ze Świętym...) i wszystkimi Świętymi,
którzy nieustannie orędują za nami u Ciebie.

Prosimy Cię, Boże,
aby ta Ofiara naszego pojednania z Tobą
sprowadziła na cały świat pokój i zbawienie.
Utwierdź w wierze i miłości Twój Kościół
pielgrzymujący na ziemi,
a więc Twojego sługę, naszego Papieża *N.*,
naszego Biskupa *N.*,
wszystkich biskupów świata, duchowieństwo
i cały lud odkupiony.
Wysłuchaj łaskawie modlitwy zgromadzonych tutaj wiernych,
którzy z Twojej łaski stoją przed Tobą.
W miłosierdziu swoim, o dobry Ojcze,
zjednocz ze sobą wszystkie swoje dzieci
rozproszone po całym świecie.

Przyjmij do swojego Królestwa naszych zmarłych braci i siostry
oraz wszystkich, którzy w Twojej łasce odeszli z tego świata.
Ufamy, że razem z nimi będziemy się tam wiecznie radować Twoją chwałą,
przez naszego Pana Jezusa Chrystusa,
przez którego obdarzasz świat wszelkimi dobrami.

The Priest takes the chalice and the paten with the host:
Through him, and with him, and in him,
O God, almighty Father,
in the unity of the Holy Spirit,
all glory and honour is yours,
for ever and ever.
R. Amen.
Then follows the Communion Rite, p. 66.

When this Eucharistic Prayer is used in Masses for the Dead, the following may be said:
† Remember your servant *N.*
whom you have called (today)
from this world to yourself.
Grant that he (she) who was united with your Son
in a death like his,
may also be one with him in his Resurrection,
when from the earth
he will raise up in the flesh those who have died,
and transform our lowly body
after the pattern of his own glorious body.
To our departed brothers and sisters, too,
and to all who were pleasing to you
at their passing from this life,
give kind admittance to your kingdom.
There we hope to enjoy for ever the fullness of your glory,
when you will wipe away every tear from our eyes.
For seeing you, our God, as you are,

Przez Chrystusa, z Chrystusem i w Chrystusie,
Tobie, Boże, Ojcze wszechmogący,
w jedności Ducha Świętego
wszelka cześć i chwała,
przez wszystkie wieki wieków.

O. Amen.
Obrzędy Komunii, s. 67.

W Mszach ofiarowanych za zmarłych można powiedzieć następująco:
Pamiętaj o Twoim słudze *N.*,
którego (Twojej służebnicy *N.*, którą) (dzisiaj) z tego świata wezwałeś do siebie.
Spraw, aby ten, który (ta, która) przez chrzest
został(a) włączony(a) w śmierć Twojego Syna,
miał(a) również udział w Jego zmartwychwstaniu,
gdy wskrzesi ciała zmarłych z prochu ziemi
i upodobni nasze ciało, podległe zniszczeniu,
do swojego ciała uwielbionego.
Przyjmij również do swojego Królestwa
naszych zmarłych braci i siostry
oraz wszystkich, którzy w Twojej łasce odeszli z tego świata.
Ufamy, że razem z nimi będziemy się tam wiecznie radować Twoją chwałą,
gdy otrzesz z naszych oczu wszelką łzę,

we shall be like you for all the ages
and praise you without end, (*He joins his hands.*)
through Christ our Lord,
through whom you bestow on the world all that is good.†

Eucharistic Prayer IV

Pr. The Lord be with you.
R. And with your spirit.
Pr. Lift up your hearts.
R. We lift them up to the Lord.
Pr. Let us give thanks to the Lord our God.
R. It is right and just.
Pr. It is truly right to give you thanks,
truly just to give you glory, Father most holy,
for you are the one God living and true,
existing before all ages and abiding for all eternity,
dwelling in unapproachable light;
yet you, who alone are good, the source of life,
have made all that is,
so that you might fill your creatures with blessings
and bring joy to many of them by the glory of your light.

And so, in your presence are countless hosts of Angels,
who serve you day and night
and, gazing upon the glory of your face,
glorify you without ceasing.

bo widząc Ciebie, Boże, jaki jesteś,
przez wszystkie wieki będziemy do Ciebie podobni
i chwalić Cię będziemy bez końca
przez naszego Pana Jezusa Chrystusa,
przez którego obdarzasz świat wszelkimi dobrami.

Czwarta Modlitwa Eucharystyczna

K. Pan z wami.
O. I z duchem twoim.
K. W górę serca.
O. Wznosimy je do Pana.
K. Dzięki składajmy Panu Bogu naszemu.
O. Godne to i sprawiedliwe.
Po zakończeniu prefacji wszyscy śpiewają lub recytują:
Zaprawdę, godne to jest,
abyśmy Tobie składali dziękczynienie,
i sprawiedliwe, abyśmy Ciebie wychwalali, o Ojcze święty,
albowiem Ty jeden jesteś Bogiem żywym i prawdziwym,
Ty jesteś przedwieczny i trwasz na wieki
mieszkając w niedostępnej światłości.
Tylko Ty, Boże, jesteś dobry
i jako jedyne źródło życia powołałeś wszystko do istnienia,
aby napełnić swoje stworzenia dobrami
i wiele z nich uszczęśliwić jasnością Twojej chwały.
Stoją więc przed Tobą niezliczone zastępy Aniołów,
którzy służą Tobie dniem i nocą,
a wpatrzeni w chwałę Twojego oblicza
nieustannie cześć Tobie oddają.

With them we, too, confess your name in exultation,
giving voice to every creature under heaven,
as we acclaim:

The people sing or say aloud the Sanctus as on page 26.

Pr. We give you praise, Father most holy,
for you are great
and you have fashioned all your works
in wisdom and in love.
You formed man in your own image
and entrusted the whole world to his care,
so that in serving you alone, the Creator,
he might have dominion over all creatures.
And when through disobedience he had lost your friendship,
you did not abandon him to the domain of death.
For you came in mercy to the aid of all,
so that those who seek might find you.
Time and again you offered them covenants
and through the prophets
taught them to look forward to salvation.

And you so loved the world, Father most holy,
that in the fullness of time
you sent your Only Begotten Son to be our Saviour.
Made incarnate by the Holy Spirit
and born of the Virgin Mary,
he shared our human nature
in all things but sin.
To the poor he proclaimed the good news of salvation,

Łącząc się z nimi,
razem z całym stworzeniem, które jest pod niebem
i wielbi Cię przez nasze usta, o z radością wysławiamy
Twoje imię, wołając:
Sanctus, s. 27.
K. Wysławiamy Cię, Ojcze święty, bo jesteś wielki
i wszystkie stworzenia głoszą Twoją mądrość i miłość.
Ty stworzyłeś człowieka na swoje podobieństwo
i powierzyłeś mu cały świat,
aby służąc Tobie samemu jako Stwórcy,
rządził wszelkim stworzeniem.
A gdy człowiek przez nieposłuszeństwo utracił Twoją przyjaźń,
nie pozostawiłeś go pod władzą śmierci.
W miłosierdziu swoim pospieszyłeś z pomocą wszystkim ludziom,
aby Ciebie szukali i znaleźli.
Wielokrotnie zawierałeś przymierze z ludźmi
i pouczałeś ich przez Proroków,
aby oczekiwali zbawienia.
Ojcze święty, tak umiłowałeś świat,
że gdy nadeszła pełnia czasów
zesłałeś nam swojego Jednorodzonego Syna,
aby nas zbawił.
On to za sprawą Ducha Świętego stał się człowiekiem,
narodził się z Maryi Dziewicy
i był do nas podobny we wszystkim oprócz grzechu.

to prisoners, freedom,
and to the sorrowful of heart, joy.
To accomplish your plan,
he gave himself up to death,
and, rising from the dead,
he destroyed death and restored life.

And that we might live no longer for ourselves
but for him who died and rose again for us,
he sent the Holy Spirit from you, Father,
as the first fruits for those who believe,
so that, bringing to perfection his work in the world,
he might sanctify creation to the full.

Therefore, O Lord, we pray:
may this same Holy Spirit
graciously sanctify these offerings,
that they may become
the Body and ✠ Blood of our Lord Jesus Christ
for the celebration of this great mystery,
which he himself left us
as an eternal covenant.

For when the hour had come
for him to be glorified by you, Father most holy,
having loved his own who were in the world,
he loved them to the end:
and while they were at supper,
he took bread, blessed and broke it,
and gave it to his disciples, saying:

Ubogim głosił dobrą nowinę o zbawieniu,
jeńcom wyzwolenie, a smutnym radość.
Aby wypełnić Twoje postanowienie,
wydał się na śmierć krzyżową,
a zmartwychwstając zwyciężył śmierć i odnowił życie.
Abyśmy żyli już nie dla siebie,
ale dla Chrystusa, który za nas umarł i zmartwychwstał,
zesłał On od Ciebie, Ojcze,
jako pierwszy dar dla wierzących, Ducha Świętego,
który dalej prowadzi Jego dzieło na świecie
i dopełnia wszelkiego uświęcenia.

Prosimy Cię, Boże,
niech Duch Święty uświęci te dary,
aby się stały Ciałem i Krwią
naszego Pana Jezusa Chrystusa,
dla spełnienia tego wielkiego misterium,
które On nam zostawił
jako znak wiecznego przymierza.

Kiedy nadeszła godzina,
aby Jezus został uwielbiony przez Ciebie, Ojcze święty,
miłowawszy swoich, którzy byli na świecie,
do końca ich umiłował,
i gdy spożywali wieczerzę,
wziął chleb, błogosławił,
łamał i rozdawał swoim uczniom, mówiąc:

'TAKE THIS, ALL OF YOU, AND EAT OF IT,
FOR THIS IS MY BODY,
WHICH WILL BE GIVEN UP FOR YOU.'

In a similar way,
taking the chalice filled with the fruit of the vine,
he gave thanks,
and gave the chalice to his disciples, saying:

'TAKE THIS, ALL OF YOU, AND DRINK FROM IT,
FOR THIS IS THE CHALICE OF MY BLOOD,
THE BLOOD OF THE NEW AND ETERNAL COVENANT,
WHICH WILL BE POURED OUT FOR YOU AND FOR MANY
FOR THE FORGIVENESS OF SINS.

DO THIS IN MEMORY OF ME.'

Pr. The mystery of faith.
The people continue with one of the acclamations on p. 34.

Pr. Therefore, O Lord,
as we now celebrate the memorial of our redemption,
we remember Christ's Death
and his descent to the realm of the dead,
we proclaim his Resurrection
and his Ascension to your right hand,
and, as we await his coming in glory,
we offer you his Body and Blood,
the sacrifice acceptable to you
which brings salvation to the whole world.

Look, O Lord, upon the Sacrifice

'Bierzcie i jedzcie z tego wszyscy:
To jest bowiem Ciało moje,
które za was będzie wydane.'

Podobnie wziął kielich napełniony winem,
dzięki składał i podał swoim uczniom, mówiąc:

'Bierzcie i pijcie z niego wszyscy:
To jest bowiem kielich Krwi mojej
nowego i wiecznego przymierza,
która za was i za wielu będzie wylana
na odpuszczenie grzechów.

To czyńcie na moją pamiątkę.'

K. Oto wielka tajemnica wiary.
Wszyscy odpowiadają jak na s. 35.

K. Boże Ojcze, sprawując teraz pamiątkę naszego odkupienia,
wspominamy śmierć Chrystusa
i Jego zstąpienie do otchłani,
wyznajemy Jego zmartwychwstanie
i wstąpienie do nieba,
a oczekując Jego przyjścia w chwale,
składamy Ci, Boże, Jego Ciało i Krew,
jako Ofiarę miłą Tobie i zbawienną dla całego świata.

Wejrzyj, Boże, na Ofiarę,
którą sam dałeś swojemu Kościołowi

which you yourself have provided for your Church,
and grant in your loving kindness
to all who partake of this one Bread and one Chalice
that, gathered into one body by the Holy Spirit,
they may truly become a living sacrifice in Christ
to the praise of your glory.

Therefore, Lord, remember now
all for whom we offer this sacrifice:
especially your servant *N.* our Pope,
N. our Bishop, and the whole Order of Bishops,
all the clergy,
those who take part in this offering,
those gathered here before you,
your entire people,
and all who seek you with a sincere heart.

Remember also
those who have died in the peace of your Christ
and all the dead,
whose faith you alone have known.

To all of us, your children, grant, O merciful Father,
that we may enter into a heavenly inheritance
with the Blessed Virgin Mary, Mother of God,
with blessed Joseph, her Spouse,
and with your Apostles and Saints in your kingdom.
There, with the whole of creation,
freed from the corruption of sin and death,
may we glorify you through Christ our Lord,
through whom you bestow on the world all that is good.

i spraw, aby wszyscy, którzy będą spożywali ten sam Chleb
i pili z jednego Kielicha,
zostali przez Ducha Świętego złączeni w jedno ciało
i stali się w Chrystusie żywą ofiarą ku Twojej chwale.

Pamiętaj, Boże, o wszystkich,
za których składamy tę Ofiarę:
przede wszystkim o Twoim słudze, naszym Papieżu *N.*,
o naszym Biskupie *N.*,
o wszystkich biskupach i całym duchowieństwie,
o składających Ofiarę i tutaj zgromadzonych,
o całym Twoim ludzie
i o wszystkich, którzy szczerym sercem Ciebie szukają.
Pamiętaj także o tych,
którzy odeszli z tego świata w pokoju z Chrystusem,
oraz o wszystkich zmarłych,
których wiarę jedynie Ty znałeś.
O dobry Ojcze, daj nam,
swoim dzieciom,
dziedzictwo życia wiecznego
z Najświętszą Dziewicą, Bogurodzicą Maryją,
ze świętym Józefem, Jej Oblubieńcem
z Apostołami i wszystkimi Świętymi w Twoim Królestwie,
gdzie z całym stworzeniem wyzwolonym z grzechu i
śmierci
będziemy Cię chwalić przez naszego Pana Jezusa Chrystusa,
przez którego obdarzasz świat wszelkimi dobrami.

The Priest takes the chalice and the paten with the host:
Through him, and with him, and in him,
O God, almighty Father,
in the unity of the Holy Spirit,
all glory and honour is yours,
for ever and ever. **R. Amen.**

The Communion Rite

Eating and drinking together the Lord's Body and Blood in a paschal meal is the culmination of the Eucharist.

The Lord's Prayer

After the chalice and paten have been set down, the congregation stands and the Priest says:
Pr. At the Saviour's command
and formed by divine teaching,
we dare to say:
Together with the people, he continues:
Our Father, who art in heaven,
hallowed be thy name;
thy kingdom come,
thy will be done
on earth as it is in heaven.
Give us this day our daily bread,
and forgive us our trespasses,
as we forgive those who trespass against us;
and lead us not into temptation,
but deliver us from evil.

Przez Chrystusa, z Chrystusem i w Chrystusie,
Tobie, Boże, Ojcze wszechmogący,
w jedności Ducha Świętego, wszelka cześć i chwała,
przez wszystkie wieki wieków.
O. Amen.

Obrzędy Komunii

Ojcze nasz

K. Pouczeni przez Zbawiciela i posłuszni Jego słowom, ośmielamy się mówić:
Wszyscy zebrani:
Ojcze nasz któryś jest w niebie,
święć się imię Twoje,
przyjdź Królestwo Twoje,
bądź wola Twoja jako w niebie tak i na ziemi.
Chleba naszego powszedniego daj nam dzisiaj.
I odpuść nam nasze winy,
jako i my odpuszczamy naszym winowajcom,
i nie wódź nas na pokuszenie,
ale nas zbaw ode złego.

Pr. Deliver us, Lord, we pray, from every evil,
graciously grant peace in our days,
that, by the help of your mercy,
we may be always free from sin
and safe from all distress,
as we await the blessed hope
and the coming of our Saviour, Jesus Christ.
R. For the kingdom,
the power and the glory are yours
now and for ever.

The Peace

Pr. Lord Jesus Christ,
who said to your Apostles:
Peace I leave you, my peace I give you;
look not on our sins,
but on the faith of your Church,
and graciously grant her peace and unity
in accordance with your will.
Who live and reign for ever and ever.
R. Amen.
Pr. The peace of the Lord be with you always.
R. And with your spirit.

Then the Deacon, or the Priest, adds:
Pr. Let us offer each other the sign of peace.
And all offer one another the customary sign of peace.

K. Wybaw nas, Panie, od zła wszelkiego
i obdarz nasze czasy pokojem.
Wspomóż nas w swoim miłosierdziu,
abyśmy zawsze wolni od grzechu
i bezpieczni od wszelkiego zamętu,
pełni nadziei oczekiwali
przyjścia naszego Zbawiciela, Jezusa Chrystusa.
O. Bo Twoje jest królestwo i potęga,
i chwała na wieki.

Pokój

K. Panie Jezu Chryste,
Ty powiedziałeś swoim Apostołom:
«Pokój wam zostawiam, pokój mój wam daję»,
Prosimy Cię, nie zważaj na grzechy nasze,
lecz na wiarę swojego Kościoła
i zgodnie z Twoją wolą
napełniaj go pokojem i doprowadź do pełnej jedności.
Który żyjesz i królujesz na wieki wieków.
O. Amen.
K. Pokój Pański niech zawsze będzie z wami.
O. I z duchem twoim.

K. Przekażcie sobie znak pokoju.

Breaking of the Bread

Then the Priest takes the host, breaks it over the paten, and places a small piece in the chalice, saying quietly:

Pr. May this mingling of the Body and Blood
of our Lord Jesus Christ
bring eternal life to us who receive it.

Meanwhile the following is sung or said:

Lamb of God, you take away the sins of the world,
have mercy on us.
Lamb of God, you take away the sins of the world,
have mercy on us.
Lamb of God, you take away the sins of the world,
grant us peace.

Invitation to Communion

All kneel; The Priest genuflects, takes the host and, holding it slightly raised above the paten or above the chalice says aloud:

Pr. Behold the Lamb of God,
behold him who takes away the sins of the world.
Blessed are those called to the supper of the Lamb.

R. Lord, I am not worthy
that you should enter under my roof,
but only say the word
and my soul shall be healed.

While the Priest is receiving the Body of Christ, the Communion Chant begins.

K. Ciało i Krew Pana naszego Jezusa Chrystusa, które łączymy i będziemy przyjmować, niech nam pomogą osiągnąć życie wieczne.

Podczas łamania Chleba wierni śpiewają lub mówią:

Baranku Boży, który gładzisz grzechy świata,
zmiłuj się nad nami.
Baranku Boży, który gładzisz grzechy świata,
zmiłuj się nad nami.
Baranku Boży, który gładzisz grzechy świata,
obdarz nas pokojem.

Kapłan przyklęka, podnosi Hostię i mówi:

K. Oto Baranek Boży, który gładzi grzechy świata. Błogosławieni, którzy zostali wezwani na Jego ucztę.

Następnie kapłan razem z wiernymi mówi:

O. Panie, nie jestem godzien, abyś przyszedł do mnie,
ale powiedz tylko słowo,
a będzie uzdrowiona dusza moja.

Communion Procession

After the priest has reverently consumed the Body and Blood of Christ he takes the paten or ciborium and approaches the communicants.

The Priest raises a host slightly and shows it to each of the communicants, saying:

Pr. The Body of Christ.

R. Amen.

When Communion is ministered from the chalice:

Pr. The Blood of Christ.

R. Amen.

After the distribution of Communion, if appropriate, a sacred silence may be observed for a while, or a psalm or other canticle of praise or a hymn may be sung. Then, the Priest says:

Pr. Let us pray.

Prayer after Communion

All stand and pray in silence for a while, unless silence has just been observed. Then the Priest says the Prayer after Communion, at the end of which the people acclaim:

R. Amen.

Komunia

K. Ciało Chrystusa
O. Amen.
Gdy udzielana jest także Krew Pańska, kapłan mówi:
K. Krew Chrystusa.
O. Amen.

Modlitwa po Komunii

THE CONCLUDING RITES

The Mass closes, sending the faithful forth to put what they have celebrated into effect in their daily lives.

Any brief announcements follow here. Then the dismissal takes place.

Pr. The Lord be with you.

R. And with your spirit.

The Priest blesses the people, saying:

Pr. May almighty God bless you,
the Father, and the Son, and the Holy Spirit.

R. Amen.

Then the Deacon, or the Priest himself says the Dismissal:

Pr. Go forth, the Mass is ended.

R. Thanks be to God. *Or:*

Pr. Go and announce the Gospel of the Lord.

R. Thanks be to God. *Or:*

Pr. Go in peace, glorifying the Lord by your life.

R. Thanks be to God. *Or:*

Pr. Go in peace.

R. Thanks be to God.

Then the Priest venerates the altar as at the beginning. After making a profound bow with the ministers, he withdraws.

Obrzędy Zakończenia

Ogłoszenia duszpasterskie.

K. Pan z wami.
O. I z duchem twoim.

Kapłan błogosławi zebranych słowami:
K. Niech was błogosławi Bóg wszechmogący, Ojciec i Syn, i Duch Święty.
O. Amen.
Kapłan żegna lud mówiąc:
K. Idźcie w pokoju Chrystusa.
O. Bogu niech będą dzięki.

The Benedictus

Blessed be the Lord, the God of Israel!
He has visited his people and redeemed them.
  He has raised up for us a mighty saviour
  in the house of David his servant,
  as he promised by the lips of holy men,
  those who his prophets from of old.
A saviour who would free us from our foes,
from the hands of all who hate us.
So his love for our fathers is fulfilled
and his holy covenant remembered.
  He swore to Abraham our father to grant us,
  that free from fear, and saved
  from the hands of our foes,
  we might serve him in holiness and justice
  all the days of our life in his presence.
As for you little child,
you shall be called a prophet of God, the Most High.
You shall go ahead of the Lord
to prepare a way for him,
  To make known to his people their salvation,
  through forgiveness of all their sins,
  the loving kindness of the heart of our God
  who visits us like the dawn from on high.
He will give light to those in darkness,
those who dwell in the shadow of death,
and guide us into the way of peace. (Luke 1:68-79)

Znane Modlitwy

Pieśń Zachariasza (Benedictus)

Błogosławiony Pan, Bóg Izraela,
bo lud swój nawiedził i wyzwolił.
I wzbudził dla nas moc zbawczą
w domu swego sługi Dawida.
Jak zapowiedział od dawna
przez usta swych świętych proroków,
Że nas wybawi od naszych nieprzyjaciół
i z ręki wszystkich, którzy nas nienawidzą;
Że naszym ojcom okaże miłosierdzie
i wspomni na swe święte przymierze,
Na przysięgę, którą złożył
ojcu naszemu Abrahamowi.
Da nam, że z mocy nieprzyjaciół wyrwani,
służyć Mu będziemy bez trwogi,
W pobożności i sprawiedliwości przed Nim
po wszystkie dni nasze.
A ty, dziecię, zwać się będziesz prorokiem Najwyższego,
gdyż pójdziesz przed Panem przygotować Mu drogi.
Jego ludowi dasz poznać zbawienie
przez odpuszczenie grzechów.
Dzięki serdecznej litości naszego Boga,
z jaką nas nawiedzi z wysoka Wschodzące Słońce,
By oświecić tych, co w mroku i cieniu
śmierci mieszkają,
aby nasze kroki skierować na drogę pokoju. (Łk 1:68-79)

The Angelus

V. The Angel of the Lord declared to Mary:

R. And she conceived of the Holy Spirit.
Hail Mary...

V. Behold the handmaid of the Lord:

R. Be it done to me according to your word.
Hail Mary...

V. And the Word was made Flesh:

R. And dwelt among us.
Hail Mary...

V. Pray for us, O holy Mother of God.

R. That we may be made worthy of the promises of Christ.

Let us pray:

Pour forth, we beseech you, O Lord, your grace into our hearts, that we, to whom the Incarnation of Christ, your Son, was made known by the message of an angel, may by his passion and cross ✠ be brought to the glory of his resurrection, through the same Christ our Lord.

R. Amen.

Anioł Pański

P. Anioł Pański zwiastował Pannie Maryi,
W. I poczęła z Ducha Świętego.
Zdrowaś Maryjo...
P. Oto ja służebnica Pańska,
W. Niech mi się stanie według słowa Twego.
Zdrowaś Maryjo...
P. A Słowo stało się ciałem,
W. I zamieszkało między nami.
Zdrowaś Maryjo...
P. Módl się za nami, święta Boża Rodzicielko.
W. Abyśmy się stali godnymi obietnic Chrystusowych.

Módlmy się:
Łaskę Twoją, prosimy Cię, Panie, racz wlać w serca nasze, abyśmy, którzy za zwiastowaniem anielskim Wcielenie Chrystusa, Syna Twego poznali, przez mękę Jego i krzyż do chwały zmartwychwstania byli doprowadzeni. Przez tegoż Chrystusa Pana naszego.
O. Amen.

Magnificat

My soul glorifies the Lord,
my spirit rejoices in God, my Saviour.
He looks on his servant in her lowliness;
henceforth all ages will call me blessed.
The Almighty works marvels for me.
Holy his name!
His mercy is from age to age,
on those who fear him.
He puts forth his arm in strength
and scatters the proud-hearted.
He casts the mighty from their thrones
and raises the lowly.
He fills the starving with good things,
sends the rich away empty.
He protects Israel, his servant,
remembering his mercy,
the mercy promised to our fathers,
to Abraham and his sons for ever. (Luke 1:46-55)

Pieśń Maryi (Magnificat)

Wielbi dusza moja Pana
i raduje się duch mój w Bogu, Zbawicielu moim.
Bo wejrzał na uniżenie swojej Służebnicy.
Oto bowiem odtąd błogosławić mnie będą wszystkie pokolenia.
Gdyż wielkie rzeczy uczynił mi Wszechmocny, a Jego imię jest święte.
Jego miłosierdzie z pokolenia na pokolenie nad tymi, którzy się Go boją.
Okazał moc swego ramienia, rozproszył pyszniących się zamysłami serc swoich.
Strącił władców z tronu, a wywyższył pokornych.
Głodnych nasycił dobrami, a bogatych z niczym odprawił.
Ujął się za swoim sługą, Izraelem,
pomny na swe miłosierdzie, jak obiecał naszym ojcom,
Abrahamowi i jego potomstwu na wieki.
(Łk 1:46-55)

THE HOLY ROSARY

I. The Five Joyful Mysteries (Mondays, Saturdays)

1. The Annunciation.
2. The Visitation.
3. The Nativity.
4. The Presentation in the Temple.
5. The Finding of the Child Jesus in the Temple.

II. The Five Mysteries of Light (Thursdays)

1. The Baptism of the Lord
2. The Marriage at Cana
3. The Proclamation of the Kingdom
4. The Transfiguration
5. The Institution of the Eucharist

III. The Five Sorrowful Mysteries (Tuesdays, Fridays)

1. The Prayer and Agony in the Garden.
2. The Scourging at the Pillar.
3. The Crowning with Thorns.
4. The Carrying of the Cross.
5. The Crucifixion and Death of our Lord.

IV. The Five Glorious Mysteries (Wednesdays, Sundays)

1. The Resurrection.
2. The Ascension of Christ into Heaven.
3. The Descent of the Holy Spirit on the Apostles.
4. The Assumption.
5. The Coronation of the Blessed Virgin Mary in Heaven and the Glory of all the Saints.

RÓŻANIEC ŚWIĘTY

I. Pięć Tajemnic Radosnych (Poniedziałek i Sobota)

1. Zwiastowanie NMP.
2. Nawiedzenie świętej Elżbiety.
3. Narodzenie Pana Jezusa.
4. Ofiarowanie Jezusa w świątyni.
5. Odnalezienie Pana Jezusa wśród uczonych w świątyni.

II. Pięć Tajemnic Światła (Czwartek)

1. Chrzest Pana Jezusa w Jordanie.
2. Objawienie Siebie na weselu w Kanie.
3. Głoszenie Królestwa Bożego i wzywanie do nawrócenia.
4. Przemienienie na górze Tabor.
5. Ustanowienie Eucharystii.

III. Pięć Tajemnic Bolesnych (Wtorek i Piątek)

1. Modlitwa Pana Jezusa w Ogrójcu.
2. Biczowanie Pana Jezusa.
3. Cierniem ukoronowanie Pana Jezusa.
4. Dźwiganie krzyża przez Pana Jezusa.
5. Śmierć na krzyżu.

IV. Pięć Tajemnic Chwalebnych (Środa i Niedziela)

1. Zmartwychwstanie Pana Jezusa.
2. Wniebowstąpienie Pana Jezusa.
3. Zesłanie Ducha Świętego.
4. Wniebowzięcie Maryi.
5. Ukoronowanie Maryi na Królową Nieba i Ziemi.

The Hail Holy Queen

Hail, holy Queen, mother of mercy; hail, our life, our sweetness, and our hope! To you do we cry, poor banished children of Eve; to you do we send up our sighs, mourning and weeping in this vale of tears. Turn then, most gracious advocate, your eyes of mercy towards us; and after this our exile, show to us the blessed fruit of your womb, Jesus. O clement, O loving, O sweet Virgin Mary.

V. Pray for us, O holy Mother of God.

R. That we may be made worthy of the promises of Christ.

Then, continue as follows:

Let us pray.

O God, whose only-begotten Son, by his life, death and resurrection, has purchased for us the rewards of eternal life; grant, we beseech you, that meditating on these Mysteries of the most holy Rosary of the Blessed Virgin Mary, we may both imitate what they contain, and obtain what they promise, through the same Christ our Lord.

R. Amen.

Witaj Królowo

Witaj Królowo, Matko miłosierdzia, życie, słodyczy i nadziejo nasza, witaj! Do Ciebie wołamy wygnańcy, synowie Ewy; do Ciebie wzdychamy jęcząc i płacząc na tym łez padole. Przeto, Orędowniczko nasza, one miłosierne oczy Twoje na nas zwróć, a Jezusa, błogosławiony owoc żywota Twojego, po tym wygnaniu nam okaż. O łaskawa, o litościwa, o słodka Panno Maryjo!

P. Módl sie za nami, Święta Boża Rodzicielko.

O. Abyśmy się stali godnymi obietnic Chrystusowych.

Módlmy się.

Boże, którego Jednorodzony Syn przez swoje życie, śmierć i Zmartwychwstanie nabył dla nas nagrodę życia wiecznego, spraw prosimy, abyśmy przez uczestnictwo w tych tajemnicach Różańca Najświętszej Maryi Panny, mogli naśladować to, o czym mówią i dostąpić to, czego są obietnicą. Przez tegoż Chrystusa, Pana naszego.

O. Amen.

LITANY OF THE BLESSED VIRGIN MARY

Lord have mercy.
Lord have mercy.
Christ have mercy.
Christ have mercy.
Lord have mercy.
Lord have mercy.
Christ hear us.
Christ graciously hear us.
God the Father of heaven,
have mercy on us. (repeat)
God the Son, Redeemer of the world,
God the Holy Spirit,
Holy Trinity, one God,
Holy Mary,
pray for us. (repeat)
Holy Mother of God,
Holy Virgin of virgins,
Mother of Christ,
Mother of divine grace,
Mother most pure,
Mother most chaste,
Mother inviolate,
Mother undefiled,
Mother most lovable,
Mother most admirable,
Mother of good counsel,
Mother of our Creator,
Mother of our Saviour,
Virgin most prudent,
Virgin most venerable,
Virgin most renowned,
Virgin most powerful,
Virgin most merciful,
Virgin most faithful,
Mirror of justice,
Seat of wisdom,
Cause of our joy,
Spiritual vessel,
Vessel of honour,
Singular vessel of devotion,
Mystical rose,
Tower of David,
Tower of ivory,
House of gold,
Ark of the covenant,
Gate of heaven,
Morning Star,
Health of the sick,
Refuge of sinners,

Litania loretańska

Kyrie, elejson,
Chryste, elejson,
Kyrie, elejson.
Chryste, usłysz nas!
Chryste, wysłuchaj nas!
Ojcze z nieba, Boże,
zmiłuj się nad nami.
Synu, Odkupicielu Świata,
Boże, *(powtarzamy)*
Duchu Święty, Boże,
Święta Trójco, Jedyny Boże,
Święta Maryjo,
módl się za nami.
(powtarzamy)
Święta Boża Rodzicielko,
Święta Panno nad pannami,
Matko Chrystusowa,
Matko Kościoła,
Matko łaski Bożej,
Matko nieskalana,
Matko najczystsza,
Matko dziewicza,
Matko nienaruszona,
Matko najmilsza,
Matko przedziwna,
Matko dobrej rady,
Matko Stworzyciela,
Matko Zbawiciela,
Panno roztropna,
Panno czcigodna,
Panno wsławiona,
Panno można,
Panno łaskawa,
Panno wierna,
Zwierciadło sprawiedliwości,
Stolico mądrości,
Przyczyno naszej radości,
Przybytku Ducha Świętego,
Przybytku chwalebny,
Przybytku sławny pobożności,
Różo duchowna,
Wieżo Dawidowa,
Wieżo z kości słoniowej,
Domie złoty,
Arko przymierza,
Bramo niebieska,
Gwiazdo zaranna,
Uzdrowienie chorych,

Comfort of the afflicted,
Help of Christians,
Queen of Angels,
Queen of Patriarchs,
Queen of Prophets,
Queen of Apostles
Queen of Martyrs,
Queen of Confessors,
Queen of Virgins,
Queen of all Saints,
Queen conceived
without original sin,
Queen assumed into heaven,
Queen of the most
holy Rosary,
Queen of Peace,
Queen of the Family.

Lamb of God, you take away the sins of the world,
Spare us, O Lord
Lamb of God, you take away the sins of the world,
Graciously hear us, O Lord
Lamb of God, you take away the sins of the world,
Have mercy on us
V. Pray for us, O holy Mother of God.
R. That we may be made worthy of the promises of Christ.
Let us pray:
Lord God, give to your people the joy of continual health in mind and body. With the prayers of the Virgin Mary to help us, guide us through the sorrows of this life to eternal happiness in the life to come. Grant this through our Lord Jesus Christ, your Son, who lives and reigns with you and the Holy Spirit, one God, for ever and ever.
R. Amen.

Ucieczko grzesznych,
Pocieszycielko strapionych,
Wspomożenie wiernych,
Królowo Aniołów,
Królowo Patriarchów,
Królowo Proroków,
Królowo Apostołów,
Królowo Męczenników,
Królowo Wyznawców,
Królowo Dziewic,
Królowo Wszystkich Świętych,
Królowo bez zmazy pierworodnej poczęta,
Królowo wniebowzięta,
Królowo Różańca świętego,
Królowo pokoju,
Królowo Polski.

Baranku Boży, który gładzisz grzechy świata,
przepuść nam, Panie.
Baranku Boży, który gładzisz grzechy świata,
wysłuchaj nas, Panie.
Baranku Boży, który gładzisz grzechy świata,
zmiłuj się nad nami.
P. Módl się za nami, święta Boża Rodzicielko.
O. Abyśmy się stali godnymi obietnic Chrystusowych.
Módlmy się:
Panie, nasz Boże, daj nam, sługom swoim, cieszyć się trwałym zdrowiem duszy i ciała, i za wstawiennictwem Najświętszej Maryi, zawsze Dziewicy, uwolnij nas od doczesnych utrapień i obdarz wieczną radością. Przez Pana Naszego, Jezusa Chrystusa, Króla miłosierdzia, który z Tobą i z Duchem Świętym okazuje nam miłosierdzie teraz i na wieki wieków.
O. Amen.

The Memorare

Remember, O most loving Virgin Mary, that it is a thing unheard of, that anyone ever had recourse to your protection, implored your help, or sought your intercession, and was left forsaken. Filled therefore with confidence in your goodness I fly to you, O Mother, Virgin of virgins. To you I come, before you I stand, a sorrowful sinner. Despise not my poor words, O Mother of the Word of God, but graciously hear and grant my prayer.

The Regina Cæli

V. O Queen of heaven, rejoice! Alleluia.
R. For he whom you did merit to bear, Alleluia,
V. Has risen as he said. Alleluia.
R. Pray for us to God. Alleluia.
V. Rejoice and be glad, O Virgin Mary, Alleluia,
R. For the Lord has risen indeed, Alleluia.

Let us pray:

God our Father, you give joy to the world by the resurrection of your Son, our Lord Jesus Christ. Through the prayers of his mother, the Virgin Mary, bring us to the happiness of eternal life. We ask this through our Lord Jesus Christ, your Son, who lives and reigns with you and the Holy Spirit, one God, for ever and ever.
R. Amen.

Modlitwa św. Bernarda

Pomnij, o Najświętsza Panno Maryjo, że nigdy nie słyszano, abyś opuściła tego, kto się do Ciebie ucieka, Twej pomocy wzywa, Ciebie o przyczynę prosi. Tą ufnością ożywiony, do Ciebie, o Panno nad pannami i Matko, biegnę, do Ciebie przychodzę, przed Tobą jako grzesznik płaczący staję. O Matko Słowa, racz nie gardzić słowami moimi, ale usłysz je łaskawie i wysłuchaj. Amen.

Królowo Nieba

P. Królowo nieba, wesel się, alleluja.
W. Bo Ten, któregoś nosić zasłużyła, alleluja.
P. Zmartwychwstał, jak powiedział, alleluja
W. Módl się za nami do Boga, alleluja.
P. Raduj się i wesel, o Panno Maryjo, alleluja.
W. Bo zmartwychwstał Pan prawdziwie, alleluja.

Módlmy się:

Boże, któryś przez zmartwychwstanie Syna Twego, Pana naszego, Jezusa Chrystusa, świat uweselić raczył, daj nam, prosimy, abyśmy przez Matkę Jego, Maryję Pannę, radości żywota wiecznego dostąpili. Przez tegoż Chrystusa, Pana naszego.

O. Amen.

Act of Contrition

O my God, because you are so good, I am very sorry that I have sinned against you and by the help of your grace I will not sin again.

Act of Faith

My God, I believe in you and all that your Church teaches, because you have said it, and your word is true.

Act of Hope

My God, I hope in you, for grace and for glory, because of your promises, your mercy and your power.

Act of Charity

My God, because you are so good, I love you with all my heart, and for your sake, I love my neighbour as myself.

Eternal Rest

V. Eternal rest grant to them, O Lord.

R. And let perpetual light shine upon them.

V. May they rest in peace.

R. Amen.

Let us pray:

O God, the Creator and Redeemer of all the faithful, grant to the souls of your servants departed the remission of all their sins, that through our pious supplication they may obtain that pardon which they have always desired; who live and reign for ever and ever.

R. Amen.

Akt żalu

Ach, żałuję za me złości jedynie dla Twej miłości. Bądź miłościw mnie grzesznemu, do poprawy dążącemu.

Akt wiary

Wierzę w Ciebie, Boże żywy, w Trójcy jedyny, prawdziwy Wierzę w coś objawił, Boże, Twe słowo mylić nie może.

Akt nadziei

Ufam Tobie, boś Ty wierny, wszechmocny i miłosierny. Dasz mi grzechów odpuszczenie, łaskę i wieczne zbawienie.

Akt miłości

Boże, choć Cię nie pojmuję, jednak nad wszystko miłuję. Nad wszystko, co jest stworzone, boś Ty Dobro nieskończone. A jak samego siebie, tak wszystkich miłuję dla Ciebie.

Modlitwa za zmarłych

K. Wieczny odpoczynek racz im dać Panie,

W. A światłość wiekuista niechaj im świeci.

K. Niech odpoczywają w pokoju wiecznym.

W. Amen.

Módlmy się:

Boże, Stwórco i Odkupicielu wszystkich wiernych, udziel duszom sług i służebnic Twoich odpuszczenia wszystkich grzechów; niech przez pokorne prośby nasze dostąpią zbawienia, którego zawsze pragnęły. Który żyjesz i królujesz przez wszystkie wieki wieków.

W. Amen.

Prayer to my guardian angel

O angel of God, my guardian dear
to whom God's love commits me here.
Ever this night (day) be at my side
to light, to guard, to rule and guide. Amen.

Anima Christi

Soul of Christ, sanctify me.
Body of Christ, save me.
Blood of Christ, inebriate me.
Water from the side of Christ, wash me.
Passion of Christ, strengthen me.
O good Jesu, hear me.
Within thy wounds hide me.
Suffer me not to be separated from thee.
From the malicious enemy defend me.
In the hour of my death call me,
And bid me to come to thee.
That with thy saints I may praise thee,
For all eternity. Amen.

Under Your Protection

We fly to thy protection, O holy Mother of God. Despise not our petitions in our necessities, but deliver us always from all dangers O glorious and blessed Virgin. Amen.

Modlitwa do Anioła Stróża

Aniele Boży, stróżu mój, Ty zawsze przy mnie stój.
Rano, wieczór, we dnie, w nocy
Bądź mi zawsze ku pomocy. Strzeż duszy, ciała mego,
zaprowadź mnie do żywota wiecznego. Amen.

Modlitwa do Zbawiciela

Duszo Chrystusowa, uświęć mnie.
Ciało Chrystusowe, zbaw mnie,
Krwi Chrystusowa, napój mnie.
Wodo z boku Chrystusowego, obmyj mnie.
Męko Chrystusowa, pokrzep mnie.
O dobry Jezu, wysłuchaj mnie.
W ranach swoich ukryj mnie.
Nie dopuść mi oddalić się od Ciebie.
Od złego ducha broń mnie.
W godzinę śmierci wezwij mnie.
I każ mi przyjść do siebie,
Abym z świętymi Twymi chwalił Cię,
Na wieki wieków. Amen.

Pod Twoją obronę

Pod Twoją obronę uciekamy się, święta Boża Rodzicielko, naszymi prośbami racz nie gardzić w potrzebach naszych, ale od wszelakich złych przygód racz nas zawsze wybawiać, Panno chwalebna i błogosławiona. O Pani nasza, Orędowniczko nasza, Pośredniczko nasza, Pocieszycielko nasza. Z Synem swoim nas pojednaj, Synowi swojemu nas polecaj, swojemu Synowi nas oddawaj. Amen.

Nihil obstat: The Reverend Canon John Redford S.T.L., L.S.S., D.D.

Imprimatur: ✠ Peter Smith, Archbishop of Southwark, 23 May 2011.
The Nihil obstat *and* Imprimatur *are a declaration that a book or pamphlet is considered to be free from doctrinal or moral error. It is not implied that those who have granted the* Nihil obstat *and* Imprimatur *agree with the contents, opinions or statements expressed.*

Modlitewnik: A Simple Prayer Book, English-Polish edition. Published 2011 by the Incorporated Catholic Truth Society, 40-46 Harleyford Road, London SE11 5AY. Compilation, layout, design of this edition © 2011 The Incorporated Catholic Truth Society. First compiled and published 2007.

ISBN 978 1 86082 450 0